U0631293

# 走遍世界很简单

## ZOUBIAN SHIJIE HENJIANDAN

### 西班牙大探秘

#### XIBANYA DATANMI

知识达人 编著

成都地图出版社

**图书在版编目（CIP）数据**

西班牙大探秘 / 知识达人编著 . — 成都 : 成都地
图出版社 , 2017.1（2021.5 重印）
（走遍世界很简单）
ISBN 978-7-5557-0417-1

Ⅰ . ①西… Ⅱ . ①知… Ⅲ . ①西班牙—概况 Ⅳ .
① K955.1

中国版本图书馆 CIP 数据核字 (2016) 第 208182 号

**走遍世界很简单—— 西班牙大探秘**

责任编辑：向贵香
封面设计：纸上魔方

出版发行　成都地图出版社
地　　址：成都市龙泉驿区建设路 2 号
邮政编码：610100
电　　话：028 - 84884826（营销部）
传　　真：028 - 84884820

印　　刷：唐山富达印务有限公司
（如发现印装质量问题，影响阅读，请与印刷厂商联系调换）

开　　本：710mm×1000mm　1/16
印　　张：8　　　　　　　字　　数：160 千字
版　　次：2017 年 1 月第 1 版　　印　　次：2021 年 5 月第 4 次印刷
书　　号：ISBN 978-7-5557-0417-1
定　　价：38.00 元

版权所有，翻印必究

# 前　言

　　美丽的大千世界带给我们无限精彩的同时，也让我们产生很多疑问：世界上到底有多少个国家？美国到底在什么地方？为什么奥地利有那么多知名的音乐家？为什么丹麦被称为"童话之乡"？……相信这些问题经常会萦绕在小读者的脑海中。

　　为了解答这些问题，我们精心编写了这套《走遍世界很简单》系列丛书，里面包含了世界各国丰富的自然、地理、历史以及人文等社会科学知识，充满了趣味性和可读性，力求让小读者掌握最全面、最准确的知识。

　　本系列丛书人物对话生动有趣，文字浅显易懂，并配有精美的插图，是一套能开拓孩子视野、帮助孩子增长知识的丛书。现在，就让我们打开这套丛书，开始奇妙的环球旅行吧！

### 大胡子叔叔

　　詹姆斯·肖，美国人，是位不折不扣的旅行家和探险家，足迹遍布世界各地。因为有着与肯德基爷爷一样浓密的胡子，所以被孩子们亲切地称为"大胡子叔叔"。

### 吉米

　　10岁的美国男孩，跟随在大使馆工作的父母居住在中国，是大胡子叔叔的亲侄子。他活泼好动，古灵精怪，对世界充满好奇。

### 映真

　　11岁的韩国男孩，他汉语说得不好，但英语说得很流利。他性格沉稳，遇事临危不乱。

### 花花

　　10岁的中国女孩，有一点点任性和霸道。她的父母与映真的父母是很要好的朋友。

# 目录

引言　1

第1章　美丽的西班牙广场　5

第2章　普拉多博物馆的珍宝　13

第3章　热闹的太阳门广场　19

第4章　感受东方宫的魅力　25

第5章　优雅的丽池公园　31

第6章　探访塞万提斯故居　39

第7章　马德里的守护神　47

第8章　　　走进"金色都市"　53

第9章　　　托莱多的古城风貌　61

第10章　　塞戈维亚的另类美感　69

第11章　　"石头城"的古城墙　77

第12章　　疯狂的奔牛节　85

第13章　　西红柿大战　93

第14章　　华美的弗拉门戈舞蹈　101

第15章　　全城狂欢的法雅节　109

第16章　　美食印记　117

## 引言

　　在家里待了几天，大胡子叔叔看到吉米、映真和花花几个人又开始有点自己的小想法，他们肯定又想出去了吧！大胡子叔叔决定带三个人出去，让他们高兴一下。

　　刚好看到墙上的一幅画，画中一个身材矫健的斗牛士正举着剑向对面强壮的公牛刺去，公牛倾斜着身子躲闪……有了，就带他们去西班牙，那可是一个旅游的国度，他们一定会很喜欢那里的。

　　大胡子叔叔招呼吉米、映真和花花来到自己的身边，告诉他们要带他们去一个"旅游王国"。听到大胡子叔叔的话，吉米、映真和花花高兴得不得了："'旅游王国'肯定是特别好玩，一定有很多很有意思的地方呀。"

　　"大胡子叔叔，你说的'旅游王国'是指的哪里呀？"三个人虽然都很高兴，但是还不知道目的地是哪里呢，就向大胡

子叔叔说出了他们的疑问。

　　"那里是旅游者的天堂，有华丽的弗拉门戈舞，也有勇敢的斗牛士，有漂亮、迷人的海滩，非常浪漫，是一个让人去了就会爱上的地方，那就是西班牙。"

　　听到大胡子叔叔这么说，他们仿佛已经躺在西班牙漂亮的海滩上晒着温暖的太阳了！吉米迫不及待地拿出地图，找到了西班牙的位置，大胡子叔叔看到吉米的举动就知道他对西班牙之旅充满了期待，映真和花花也是同样的表情。

　　大胡子叔叔笑着说："这是一个很古老的国家，位于欧洲西南部。这里气候温和，拥有丰富的旅游资源，山清水秀，是个令人心情愉悦的好地方。这里的许多王宫、教堂和城堡显示

着她的古老，而现代化的摩天大楼又展现出她的活力。我们赶紧准备一下，开始新的旅行吧！"

吉米、映真和花花听到大胡子叔叔的话，立马跑得没影了，都回到自己的房间准备去了。

很快，他们就到了机场。随着呼啸而起的飞机，他们来到了让他们期待的"旅游王国"。在飞机上，大胡子叔叔告诉他们第一站就是西班牙的首都马德里，先感受一下西班牙心脏的魅力。

西班牙，我们来了！马德里，我们来了！

吉米、映真和花花都很兴奋，他们相信接下来肯定会有精彩的旅程等待着他们。

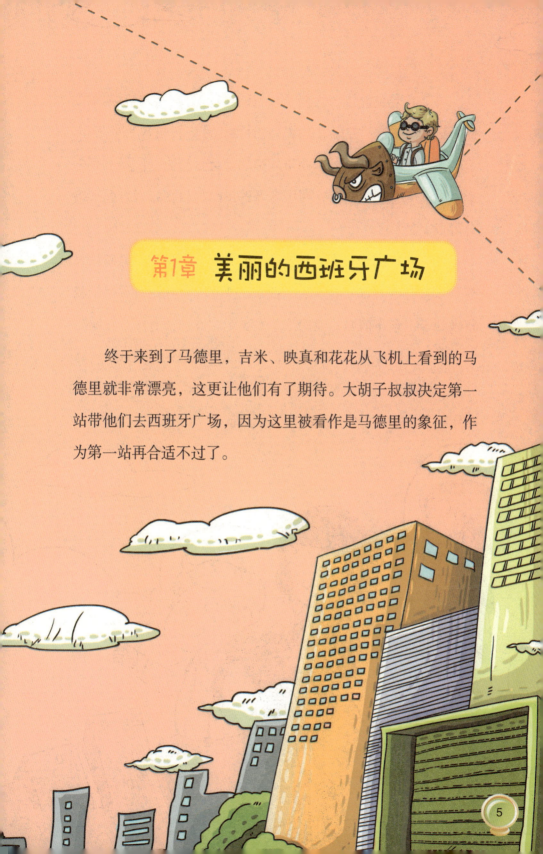

# 第1章 美丽的西班牙广场

终于来到了马德里，吉米、映真和花花从飞机上看到的马德里就非常漂亮，这更让他们有了期待。大胡子叔叔决定第一站带他们去西班牙广场，因为这里被看作是马德里的象征，作为第一站再合适不过了。

在去广场的路上，大胡子叔叔说广场上最有名的就是塞万提斯纪念碑和堂·吉诃德塑像，这让西班牙广场闻名于世。

不知不觉他们就到了西班牙广场。远远望去，广场上有一个巨大的纪念碑，后面有两座古老的拱门建筑，二者看起来结合得很完美。

吉米觉得那个巨大的纪念碑应该就是塞万提斯纪念碑，大胡子叔叔肯定了吉米的判断。吉米、映真和花花跟着大胡子叔叔来到了纪念碑前面，他们这才发现纪念碑前面有两个青铜雕像，一个人骑着马手里拿着剑，显得高大威猛；后面一个人胖胖的，骑着驴，看起来像是跟班和随从。三个孩子不明白这个雕像是怎么回事，于是就问大胡子叔叔。

　　大胡子叔叔告诉他们这就是著名的堂·吉诃德雕像，骑着马的就是堂·吉诃德，后面跟着的是他的仆人桑丘。映真说他听过堂·吉诃德的故事，今天见到这个雕塑，觉得真的是非常符合他的形象呀！

　　大家都在仔细欣赏着堂·吉诃德雕塑，觉得雕塑特别精致，而且很生动形象，怪不得这么出名呢！

　　这时候，花花的注意力转到了塞万提斯纪念碑上，在堂·吉诃德雕塑后面。纪念碑的正面有一个坐着的老人，右手拿着一本书，左手看不到了，他就问大胡子叔叔这是谁。

　　"这就是塞万提斯呀，《堂·吉诃德》的作者，你们看到

他手里那本书了吗，那就是《堂·吉诃德》。也许你们会很奇怪为什么看不到他的左手，其实他的左手在战争中失去了，这个雕像是雕刻家用披风遮挡住了他失去左手的事实。"大胡子叔叔对三个人解释着这个雕塑。

哦，原来是这样呀，雕刻家还真是有心，这披风真是恰到好处呀。吉米、映真和花花都忍不住赞叹起来。

纪念碑真是太高大了，几个人忍不住抬起头来往上看。突然，吉米又有了新的发现，最顶端有一个球，周围围着一些人，这让他很不理解。大胡子叔叔告诉他们，最顶端的球代表的是地球，四周围着的五个人，代表的是塞万提斯的著作在五

大洲都非常有名气。

听完大胡子叔叔的话，孩子们这才明白了顶端这些雕塑代表的意思，确实是很有创意的雕塑呀！

看完了纪念碑的正面，他们绕到了纪念碑的后面。突然，吉米惊叫起来，一个漂亮的大喷泉出现在眼前，正在喷着水，看起来非常漂亮。

这个时候，花花发现在纪念碑的背面也有一个坐着的雕像，不过看起来是个女人雕像，吉米和映真走了过来也看到了雕像。大胡子叔叔告诉他们，雕像展现的是16世纪古老打扮的妇女，她手里拿着一本书，表现的是在西班牙不论男女老幼，

不论富有还是贫穷都非常热爱读书，这体现出了西班牙浓厚的文化氛围。

吉米、映真和花花都没想到一个雕塑竟然有这么多的寓意，怪不得如此有名气呢！看到这个巨大的雕塑展现出的西班牙人特有的文化内涵，三个人觉得这次来到这里非常有收获。

三个人在很短的时间里就感受到了西班牙广场上塞万提斯纪念碑和堂·吉诃德雕塑的艺术魅力，但是他们对于塞万提斯这个人却不是很了解，多次听到大胡子叔叔提起塞万提斯，他们想更多地了解一下。

"塞万提斯出生于1547年，是西班牙最著名的小说家，也

是戏剧家和诗人，他的《堂·吉诃德》最有名，让他赢得了世界的赞赏。后来，西班牙为了表彰西班牙语作家，还设立了塞万提斯奖，同时，1973年墨西哥创立了塞万提斯艺术节，每年都会在墨西哥的瓜纳华托举行，纪念那些为西班牙语作出贡献的作家，由此可见塞万提斯的世界影响力。"大胡子叔叔笑着对三个人说道。

听完大胡子叔叔的话，吉米、映真和花花对塞万提斯有了新的了解，虽然他生活在四五百年前，但是他的作品依然被全世界的人们所传诵，这就是对他最大的褒奖呀！

来到西班牙广场，不但看到了漂亮的塞万提斯纪念碑和堂·吉诃德的雕塑，了解到了这些雕塑家的创意，而且通过大胡子叔叔了解到了塞万提斯的一些信息，真的是收获非常大。马德里的第一站就让他们非常高兴，接下来肯定还会有更多的惊喜等着他们，他们也更加期待了。

## 第2章　普拉多博物馆的珍宝

吉米、映真和花花很喜欢西班牙广场，也被那里的美丽打动了。回到住的地方依然没有平静下来，他们迫不及待想知道接下来要去哪里，他们太期待了。

大胡子叔叔告诉他们，接下来将带他们去感受一座艺术珍宝汇集的博物馆——普拉多博物馆。听到这个好消息，三个人都高兴坏了。

第二天一大早，他们就跟着大胡子叔叔出发了，一路上都在叽叽喳喳不停地交流，看来是对这个博物馆很期待呢。

在路上，大胡子叔叔告诉他们普拉多博物馆是18世纪修建的，"普拉多"在西班牙语中的意思是"沼泽"。在西班牙国王查理三世时期开始建设，后来被拿破仑占领了，成为了拿破仑的骑兵指挥部和弹药库，再后来收归国有，成为了博物馆。随着一个画廊和一个私人博物馆合并过来，博物馆才有了现在的规模。

听了博物馆的由来，吉米、映真和花花都觉得很有意思，他们相信今天一定会有很大收获的。

来到了博物馆的门前，大胡子叔叔首先带着他们观看了博物馆大门前的三座雕像，他们分别是戈雅、委拉斯凯兹和牟利罗，大胡子叔叔告诉他们这三个人是西班牙古典绘画的杰出代表，他们的很多画作都闻名于世。看到这三座雕像，吉米、映真和花花觉得博物馆里面肯定有更精美的作品，能够带给他们更大的惊喜。

博物馆内总共有8600多幅绘画、700多件雕刻作品以及数千件素描、版画、装饰品，他们不可能全都看完。因此，大胡子叔叔决定先带他们去看几件最有名的作品，然后再选择性地参观一下其他作品。

"哎呀，这幅图画真是漂亮，里面的小女孩真是太可爱

了！"大胡子叔叔带着花花走到了一幅图前面，花花看到图后忍不住赞叹起来。这吸引了吉米和映真的注意，他们两个也赶紧过来看看到底是什么图画让花花这么高兴。

大胡子叔叔告诉他们，这幅图就是非常有名的《宫娥》，花花说的漂亮的小女孩就是玛格丽特公主，她是当时的国王菲利普四世的小女儿。

得知这幅图很有名后，吉米、映真和花花三个人仔细看了起来，图画中玛格丽特坐在中间，左边一个宫女跪着，正捧着茶点给她，她的表情很有意思，爱答不理的；右边的一个宫

女正在鞠躬行礼，好像是在哄她开心，希望她能够接受另一个宫女递过来的茶点。画的右下方还有两个侏儒，旁边趴着一条狗，看起来好像是打着瞌睡，给人一种温馨的感觉。小公主的后面还有两个年龄很大的仆人。吉米、映真和花花觉得这可能也是伺候公主的吧。

"后面怎么还有个画家呢？"吉米眼尖，看到了画中不太容易注意到的细节。大胡子叔叔告诉他："那就是这幅画的作者委拉斯凯兹，他把自己放到画面中确实是很有意思的事情，也是他一个很好的创意吧，他究竟为什么要这样做，也许只有他自己知道，别人只是猜测一下罢了。"

　　"画面墙壁上的镜子里怎么还有人呢？"映真也有了发现。大胡子叔叔告诉他那就是菲利普四世和王后，画家这么做可能是为了显示国王和王后对小女儿的关爱，表达温暖的亲情。

　　看到这幅和实物差不多一样大的画作，吉米、映真和花花都觉得特别有意思，了解了画中的一些故事以后，他们更觉得这幅画很有创意，而画作的作者委拉斯凯兹真的是特别棒。

　　接着，大胡子叔叔又带着三个人观看了很多别的画作。虽然不能全部看完，但是这一次他们的收获已经很大了，他们都觉得不虚此行。带着愉悦的心情，吉米、映真和花花跟着大胡子叔叔离开了这座艺术珍宝的宫殿，他们期待着下一个惊喜的到来。

## 第3章　热闹的太阳门广场

　　"你们都过来，今天我带你们去一个地方，那里现在是马德里孩子们游乐的场所，非常热闹！"大胡子叔叔招呼吉米、映真和花花，准备出发了。一听说要出去，三个人赶紧集合在大胡子叔叔的身边。

　　在去的路上，大胡子叔叔告诉孩子们太阳门广场是马德里的交通枢纽。因为这里面向太阳升起的地方，所以就叫太阳门

了。现在有十条街道从太阳门向四周扩散出去，这些街道也像是太阳光，确实非常形象。

大家很快就到了太阳门广场，这里确实是热闹非常，人来人往的，广场附近的建筑也非常漂亮。

突然，吉米对广场中央花坛上的雕像产生了浓厚的兴趣，看起来那就是一头熊，他赶紧招呼映真和花花也过来看个仔细，大胡子叔叔跟在他们身后。

到了雕像前面，大胡子叔叔告诉他们，这就是著名的"熊与石楠树"雕像，这也是马德里市的市徽。大胡子叔叔看到三个人这么感兴趣，就给他们讲了一段关于这个雕像的小故事。

　　很久之前，有个淘气的小男孩跟着妈妈出来玩耍，走着走着，他突然找不到妈妈了。于是他就原路返回，想去找妈妈。这个时候，他突然发现了一头棕熊，棕熊也发现了他并开始追赶他，他就赶紧跑，突然看到了一棵大树，就爬了上去。这个时候，他听到了妈妈叫他的声音，原来妈妈也在找他呢！此时，棕熊还在树下呢，妈妈很危险呀。于是，他就开始大喊"妈妈快跑，妈妈快跑"。幸运的是，他的喊声引来了猎人，猎人赶走了棕熊，小男孩和妈妈也安全了。

　　人们为了纪念这个勇敢的小男孩，就制作了这个雕像，而这个雕像也成了马德里市市徽。其实，"妈妈快跑"用西班牙语说就是"马德里"。

　　听完大胡子叔叔讲的
这个小故事，吉米、映真和花花都觉得小男孩
很勇敢，他们没想到这个雕塑是市徽，而且还有这么有意思的
小故事呢。

　　接着，大胡子叔叔带着三个人来到了广场上最有名的建
筑——保安局大楼。

　　远远望去，这是一座古老的建筑，就像宫殿一样，漂亮
极了。大胡子叔叔告诉孩子们："这里最著名的是楼顶钟楼上
的大钟。跨年夜的时候，成千上万的游人都来到这里，在大钟
敲响12下的时候，每个人都迅速吃下12颗葡萄，意味着来年顺

顺利利。吃完葡萄之后，人们就开始唱歌、跳舞，直到第二天早晨，这是这里的传统习俗。"

听到大胡子叔叔这么说，三个人觉得这个吃葡萄的习俗倒是很有意思。突然，吉米对大楼前的一个大圆环产生了兴趣，看起来这个圆环和别的圆环不太一样，里面好像还是一幅地图呢。他不明白这是为什么，就喊来了映真和花花，两个人也没看明白到底是怎么会事。正当三个人讨论的时候，大胡子叔叔走过来，告诉了他们这个东西的用处，原来这个圆环真是不一般，里面的地图是伊比利亚半岛的地图，中间标有"零千米"，以这里为起点，西班牙全国公路的里程都从这里向外计算。

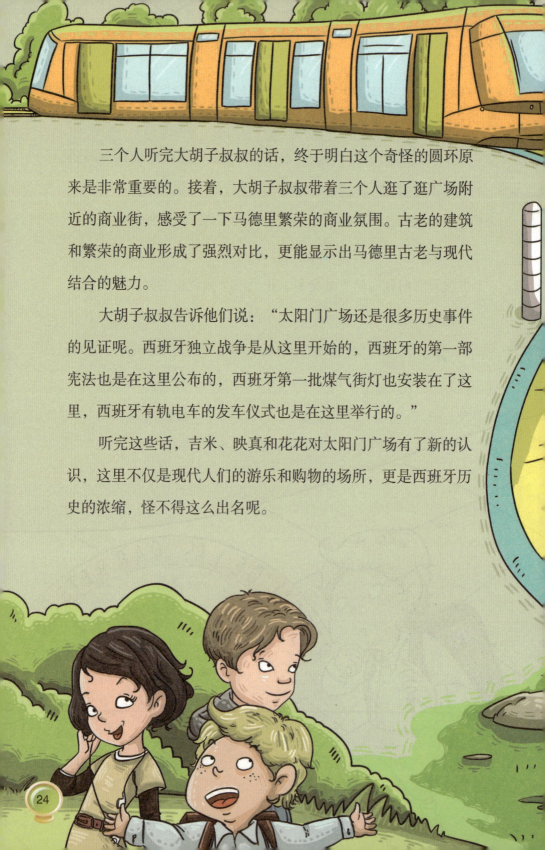

　　三个人听完大胡子叔叔的话，终于明白这个奇怪的圆环原来是非常重要的。接着，大胡子叔叔带着三个人逛了逛广场附近的商业街，感受了一下马德里繁荣的商业氛围。古老的建筑和繁荣的商业形成了强烈对比，更能显示出马德里古老与现代结合的魅力。

　　大胡子叔叔告诉他们说："太阳门广场还是很多历史事件的见证呢。西班牙独立战争是从这里开始的，西班牙的第一部宪法也是在这里公布的，西班牙第一批煤气街灯也安装在了这里，西班牙有轨电车的发车仪式也是在这里举行的。"

　　听完这些话，吉米、映真和花花对太阳门广场有了新的认识，这里不仅是现代人们的游乐和购物的场所，更是西班牙历史的浓缩，怪不得这么出名呢。

## 第4章　感受东方宫的魅力

　　"你们要作好准备，今天我要带你们去一个山冈上转转。"大胡子叔叔故意很神秘地对三个孩子说道，说完还不忘神秘地笑笑。

　　一个山冈有什么好玩的。吉米、映真和花花都在心里嘀咕

着。这时候，大胡子叔叔才告诉他们，那里有一座著名的东方宫，是世界上现存的最完整、最精美的宫殿之一，听到大胡子叔叔这么说，几个人才明白过来，很高兴地跟着大胡子叔叔出发了。

东方宫位于马德里西部、曼萨纳莱斯河左岸，那里风光优美。吉米、映真和花花欣赏着美丽的风光，听大胡子叔叔讲着关于东方宫的事情，很快就到了目的地。

展现在大家眼前的是一座宽阔的广场，远处是一座宏伟的宫殿，显得十分气派。大胡子叔叔告诉他们，这里原来是哈布斯堡王朝的宫廷，后来被大火焚毁了，现在看到的宫殿是被毁几年之后重建的，不过距今也快有三百年的历史了，是由当时最有名气的建筑师花费26年时间建成的。

　　吉米、映真和花花听大胡子叔叔讲完宫殿的历史，对广场上很多的铜像雕塑产生了兴趣，大胡子叔叔带着他们一一观看，并且告诉他们这些都是西班牙历代国王的铜像雕塑。整个广场看起来是正方形的，两边到处都是精美的浮雕，中间是白色大理石的石基，上面有个人，骑着马，看起来特别威武雄壮，大胡子叔叔告诉他们那是费利佩四世的铜像。

　　接下来，大胡子叔叔带着他们看了看王宫左边的花园，整个花园面积不大，但是看起来特别漂亮，花草也都经过精心修剪。大胡子叔叔告诉他们这个花园叫萨巴蒂尼花园，也是很有名的，别看它小，里面的花草可都是精品。几个人听后点了点头表示赞同。

大胡子叔叔带着三个孩子往宫殿里面走去。他告诉吉米、映真和花花，东方宫非常坚固，地基是建在古城堡上的，选用的是上等大理石和花岗岩，墙壁有4米厚。听大胡子叔叔这么说，三个人更感觉到了东方宫外部的华丽和壮观。

到了东方宫内，他们感觉简直就是富丽堂皇，这让他们很震惊。大厅内红色的墙壁配上金色的柱子，给人感觉就是皇家气派，小居室都特别漂亮，甚至连摆放蜡烛的烛台都特别精致美观。五光十色的吊灯、漂亮的壁灯，各种金银玉器让他们大呼过瘾，就连家具也都是镶金边的。花花他们都觉得自己的眼睛不够用了。

由于宫殿内小厅特别多，大胡子叔叔只是带着他们观看了一些有特点和名气的小厅。

"柱子厅"听起来很普通，但是里面的装饰全部是古代艺术品，走进去好像是进入了一座刚刚发现的宝库，让人特别震撼。而宴会厅那长长的椭圆形大桌子让他们印象深刻，他们非常喜欢桌子上各种银制餐具。

接着，大胡子叔叔带着他们来到了宝座厅，观看了国王和王后的宝座。宝座前面有四只威武的镀金青铜狮子，守护着象征权力的宝座，各种巨型吊灯照耀着宝座，让人有一种威严的感觉。

看完这些非常有特点的小厅，大胡子叔叔带着他们去观看了壁毯画，这里有上千幅壁毯画，在欧洲非常有名。这些精美的壁毯画让吉米、映真和花花有种不知道该看哪一幅的感觉了，他们觉得每一幅都特别漂亮。

东方宫确实是名不虚传，他们都被她所震撼，也同样为那些建筑师所感动，这一次他们收获特别大。

## 东方宫

东方宫位于马德里西部、曼萨纳莱斯河左岸，整个王宫建设在山冈上，是西班牙最出名的宫殿之一。整个建筑融合了法国风格、意大利风格和西班牙风格。

一开始，这里作为哈布斯堡王朝的宫廷，1734年被大火焚毁，1738年按照原来的样子重新开始建造。当时著名的建筑师如胡瓦拉、本图拉、萨切蒂、萨瓦蒂尼和罗德里格斯都参加了宫殿建设，26年之后建成。

现在，东方宫成为保存完整的著名宫殿，成为著名的旅游景点。

## 第5章　优雅的丽池公园

　　"你们都过来，今天我要带你们去一个特别漂亮的地方哦，那就是丽池公园。"听到大胡子叔叔这么说，吉米、映真和花花都很高兴，又可以出去玩了，他们忍不住现在就想知道丽池公园的情况了。

　　大胡子叔叔带着孩子们出发了。在路上，他给三个人讲了

一些关于丽池公园的知识。

　　大胡子叔叔告诉孩子们，丽池公园是西班牙很有名的公园，是在17世纪的时候由当时的国王菲利普四世下令修建的。里面不但有上万株植物，还有各种纪念碑和雕塑，最有名的就是水晶宫。

　　听到大胡子叔叔的介绍，吉米、映真和花花都很想尽快看一看丽池公园的真面目。很快，他们就到了丽池公园，怀着一种期待的心情，他们跟着大胡子叔叔走了进去。

　　他们是从公园北面入口处进去的，一进去就看到了一个漂亮的小湖泊。大胡子叔叔告诉他们这是一个人工湖，说完就带着他们找到了一条小船，然后一起坐船欣赏周边的风光。

　　突然，吉米指着湖边一个巨大的雕塑喊了一声，映真和花
花也随着吉米的指向看过去。那是一个巨大的雕塑，雕塑最上
方是一个骑马的人，看起来很威风。但是，吉米、映真和花花
都不知道那是什么，大胡子叔叔告诉他们那是阿方索十二世的
纪念碑，骑在马上的就是国王阿方索十二世，这座巨大雕塑就
是为了纪念这个国王而建的，是他的母亲要求建在这里的。很
快，大胡子叔叔带着吉米、映真和花花下了船，来到了雕塑面
前，仔细参观了一下雕塑，三个人都觉得雕塑特别威武。

　　大胡子叔叔告诉他们，丽池公园里面有很多纪念碑都很

漂亮。

　　纪念碑后面的漂亮建筑以及纪念碑前面美丽的小湖泊，都让孩子们心情愉悦。突然，他们发现附近有很多鸽子，有白色的，也有灰色的，刚好花花还有一点点面包，三个人就拿着面包跑过去喂鸽子了。这些鸽子也特别可爱，好像是习惯了有人喂，根本不怕人，自顾自地吃了起来。

　　喂完鸽子，大胡子叔叔就带着三个人参观水晶宫去了。远远看去，一座漂亮的建筑被湖水包围，很幽静，很美。走近一看，更是精致。大胡子叔叔告诉孩子们："这就是水晶宫，是1887年仿照伦敦的水晶宫修建的，整个建筑全部是用玻璃和金

属建造的，看起来特别漂亮。现在，这个水晶宫主要用来举办现代艺术展览会。"

突然，映真对水晶宫前面湖里的几棵大树产生了兴趣。这几棵大树枝繁叶茂，但是它们都是长在湖里的，看不到树根，甚至一部分树干都在水里。大胡子叔叔告诉孩子们："这是意大利柏树，和旁边那些高大的印度栗树相映成趣，非常漂亮。"

花花突然发现湖面上还有几只漂亮的黑天鹅，看到它们在水里悠闲的样子，觉得很羡慕，看来这里真的是动物的天堂

呀。在湖边的草坪上，眼尖的吉米还发现了几只调皮的小松鼠，它们正在争抢食物呢，真是太可爱了。

　　不知不觉，他们又来到了一个漂亮的地方，走廊都是用铁搭建起来的，像是心的形状，隔不远就有一个，上面都爬满了植物，看起来非常漂亮。大胡子叔叔告诉他们这就是玫瑰公园，这里最有名的是一个雕塑，那就是堕落的天使，这个雕塑是献给撒旦的，因此非常有名。走过特别的走廊，来到雕塑面前，雕塑上的天使躺着，抬头看着天空，双腿和右手被一条蛇缠住了，左手弯曲着贴在额头上，面部是恐惧的表情。整个雕

　　塑非常传神，雕刻家将人物刻画得如此生动形象，三个人都不住赞叹雕刻家的高超技艺。

　　大胡子叔叔带着他们继续在公园里走着，看看各种漂亮的植物和各种纪念碑，公园安静的环境和这些古老的雕塑给人一种宁静的感觉，特别舒心。

　　突然，远处传来了悠扬的音乐声，很有穿透力，特别优美动听。吉米、映真和花花还没弄明白发生了什么，大胡子叔叔就告诉他们丽池公园在每周日都会有马德里管乐团举行的免费音乐会，听音乐会已经成为了人们周末来公园的习惯。

说完，大胡子叔叔就带着孩子们走过去感受音乐会了。一边听着动听的音乐，一边看着湖光美景，确实是件非常惬意的事情。

这一次丽池公园之行，吉米、映真和花花观看了漂亮的植物，还有精美的雕塑，各种可爱的动物也让他们很喜欢，还能听到美妙的音乐，真是不虚此行呀。

## 伦敦水晶宫

伦敦水晶宫是1851年为伦敦的第一届世界工业产品博览会而建造的展览馆。它是历史上第一次以钢铁和玻璃为材料制成的超大型的建筑，建成后，曾引起世界各国的轰动。它的建筑面积大约有7.4万平方千米，共有三层。整个建筑宽敞明亮，而且是透明的，所以被称为"水晶宫"。可惜的是，在1936年发生了一场大火灾，这个宏伟的建筑大部分被烧毁，只剩下残垣断壁一直保留到1941年。

## 第6章　探访塞万提斯故居

　　"你们还记得我们以前看过的堂·吉诃德的雕像吗？"大胡子叔叔问吉米、映真和花花。围在大胡子叔叔身旁正在打打闹闹的三个人听到大胡子叔叔的话都停了下来。

　　"当然记得了，那个雕塑特别形象，况且我们也听过《堂·吉诃德》的故事。"三个人你一言我一语地表达自己对

于《堂·吉诃德》的看法。

　　"那你们还记得《堂·吉诃德》的作者是谁吗？"大胡子叔叔接着问道。还是吉米话最快，他首先抢过了话："是塞万提斯。"

　　大胡子叔叔听完吉米的答案，满意地点了点头，他告诉吉米、映真和花花今天就带他们去看一看塞万提斯的故居，听到这个消息，孩子们高兴得跳了起来，可以到塞万提斯曾经生活的地方看看，实在很不错。

　　大胡子叔叔带着三个孩子找了一辆车，半个小时后就到了阿尔卡拉，这里就是塞万提斯的故乡，这个小镇也因为塞万提

斯被人们所熟知。车停在了一个广场上，这里没有马德里的热闹和繁华，显得非常安静。广场上有三三两两的人在散步，还有一些老人坐在广场的长椅上晒着太阳，看着就让人感觉特别悠闲。远处教堂的钟声惊吓了白色的鹳鸟，它们时不时从广场上空飞过。

　　吉米突然跑到了广场中央巨大的铜像前，随后映真和花花也跟着大胡子叔叔走了过来，吉米断定那一定是塞万提斯的铜像，大胡子叔叔肯定了吉米的判断。几个人看了一会儿之后，

就跟着大胡子叔叔穿过广场向西走去。

这是一条安静的小路，大胡子叔叔说这正是通向塞万提斯故居的小路。走在小路上，吉米、映真和花花发现小路两旁的建筑都很古老，一些石柱子都开始风化了，有些木梁也开始变形，问过大胡子叔叔后才知道这些都是几百年前的老建筑，能保存到现在的样子就已经很难得了。

走着走着，走到了一座两层建筑面前。吉米、映真和花花一眼就认出了门前的铜像是堂·吉诃德和他的仆人桑丘，这里一定就是塞万提斯的故居了吧！

大胡子叔叔肯定了三个人的判断，几个人

得到了大胡子叔叔的肯定都很高兴。

　　这座小楼是红色的，来参观的人很多，显得很拥挤，但是大家都比较安静。门前的围墙很矮，都是铁栅栏的，大门也是铁的。

　　大胡子叔叔告诉三个孩子："这座小楼是由8根花岗岩石柱子支撑的，是16世纪建成的，距今已经有500多年的历史了，1956年为了更好保护进行了重修，但是没有改变这里的面貌，还是老样子。"

　　走进院子里，感觉很安静，几棵大树很茂盛。院子里的天井是方形的，院子里有一座雕塑，顶上是一个大球，可能表明的是塞万提斯世界知名度很高吧。推开房门，走进屋子里，第一层是书房、客厅，还有厨房。书房里陈设还是保留着以前的样子，可以想象到当年塞万提斯在书桌上奋笔疾书，他创作的样子一定特别认真。客厅特别宽敞，桌子和椅子都摆放得很整

齐，这里就是几百年前塞万提斯招待来访客人的地方。吉米、映真和花花仿佛感觉到塞万提斯正坐在椅子上和客人热情聊天呢。厨房干净整洁，他们觉得塞万提斯肯定是一个爱好美食的人，创作之余，自己制作美味可口的食物，也是一种美好的享受呀。

看完一楼，大胡子叔叔带着孩子们来到了二楼。二楼是塞万提斯的卧室。卧室里有一个精美的扶手椅，塞万提斯肯定无数次坐在扶手椅上，一边抽着烟，一边构思故事吧！床边还有一个漂亮的床头柜，大胡子叔叔告诉他们这是当时流行的卡斯蒂利亚式的床头柜，是当时的富人才能拥有的。卧室里还摆设

着各种精美的绘画和雕刻，这些都显示出塞万提斯在当时是非常富有的。

　　看完了这些，大胡子叔叔最后才带着孩子们来到了最值得参观的地方，那就是陈列室。陈列室有各种版本和译本的《堂·吉诃德》。看到这些珍贵的各种版本的《堂·吉诃德》，孩子们都惊叹不已，没想到一部小说能带给塞万提斯这么多的赞誉，让他在几百年后仍然被世界各地的人们称赞。

　　大胡子叔叔告诉孩子们："每年都会在塞万提斯故居举

行塞万提斯文学奖的颁发仪式，由西班牙国王向获得塞万提斯文学奖的作家颁发，还会有热闹的乐队伴奏。接下来还会举行露天酒会，西班牙的一些电视媒体也会现场直播，是一个特别隆重的颁奖仪式。可惜现在不是颁奖的日子，不能体验一下那时候的热闹了。"虽然这让孩子们有一点遗憾，但是能够参观一下塞万提斯故居，看一下塞万提斯生活的场景，也不枉此行了。

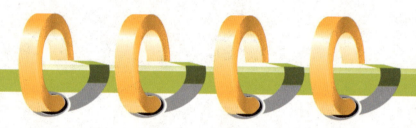

### 塞万提斯

塞万提斯是西班牙著名的小说家。他的《堂·吉诃德》讽刺了人的荒唐，让他闻名于世，他也被称为西班牙最伟大的作家。

他出生在一个破落的贵族家庭，从小生活坎坷，自己游历欧洲各国，吸收到了各种不同文化。他爱好写作，丰富经历和苦难生涯为他的写作提供了丰富的素材，这也是他的作品能够得到人们认可的很重要的一个原因。

为了纪念他，西班牙文化部设立了塞万提斯奖，表彰那些杰出的西班牙语作家。同时，在墨西哥每年都举行塞万提斯国际艺术节，可见他的影响力巨大。

# 第7章　马德里的守护神

"咱们来马德里也好多天了，也去了很多地方，但是你们还不知道马德里的守护神是谁吧。其实，马德里还专门为纪念他们的守护神而设立了一个节日呢。"大胡子叔叔一边喝着咖啡，一边对围在自己身边要自己讲故

事的孩子们说道。

一听到大胡子叔叔说起这个，三个人都来了兴趣，非要大胡子叔叔讲。于是，大胡子叔叔就开始给他们讲马德里守护神圣伊西德罗和为了纪念他而设的节日圣伊西德罗节。

大胡子叔叔说："圣伊西德罗是马德里的守护神，1082年在马德里出生，传说有一次农忙的时候，农民们都在犁地，非常劳累。圣伊西德罗看到这种情况，就开始为这些农民祈祷。神奇的事情发生了，天空中突然出现了两个天使，他们让犁自动犁地，很快就完成了农民好多天才能完成的农活，农民们对他都万分感激。"

大胡子叔叔说还有更神奇的传说呢："又有一次，圣伊西德罗正在为农民们挖一口井，他的儿子不小心掉到了井里，井很深，这个时候他开始对水井求情。不可思议的事情发生了，井水开始往上涨，很快就到了井口，他的儿子也安全回到了地面。这件事情以后，圣伊西德罗就被称为马德里的守护神了。"

听完大胡子叔叔的话，三个人都非常震惊，要是这件事情是真的，那真的是太神奇了。大胡子叔叔告诉他们，现在每年的5月11日开始，有一个月的时间，人们都会举行各种活动来纪念这位守护神。

"那这个节日是怎么开始的呢？有什么特殊的仪式吗？"

49

映真很想知道节日开始时候的情景。

大胡子叔叔接着说："在5月11日这一天，晚上七点半的时候，大家都会到街上去举行游行。这个时候，也会有吉他手在队伍中弹奏，大家也都跳起舞蹈，这就是现在马德里流行的帕萨卡利亚舞。这种舞蹈比较慢，给人庄严神圣的感觉，在这个节日里跳这个舞是再合适不过了。"

"那这里最热闹的是哪一天呢？不可能天天都一样吧？"吉米就是喜欢热闹，他关心的当然是热闹了。

大胡子叔叔说："12日是最热闹的一天。早晨起来，人们都穿上漂亮的传统服饰，来到圣伊西德罗草坪，12点的时候走进圣伊西德罗教堂进行各种纪念活动，活动结束后，人们再次来到草坪上，向泉水祈福。"

"真是奇怪，怎么还向泉水祈福呢？"三个人都不理解这个奇怪的活动，赶紧向大胡子叔叔提出了自己的疑问。

大胡子叔叔呵呵一笑，告诉他们："传说圣伊西德罗在干旱的时候，敲击地面，地面就神奇地出现了泉水。当时生病的王子喝了这些泉水也好了起来，女王便下令在这里修建一个圣

堂。向泉水祈福的活动也就一直延续到了现在。

　　"那有没有特别好玩的活动，或者适合小孩子的活动呢？"三个人突然对活动有了兴趣。大胡子叔叔告诉他们说："还真有一个适合小孩的活动呢，叫作"顶大象"。活动开始，人们相互传递卡通大象，这个时候小孩子们会踮起脚尖用头去顶，顶到的人就被认为会有好运气。"

　　听完大胡子叔叔的话，吉米、映真和花花觉得这个"顶大象"的游戏倒是很好玩。

　　大胡子叔叔还告诉他们，人们还会举着圣伊西德罗的画像，在大街上游行。最有意思的是平时马德里是不允许在大街上饮酒的，但是这天，人们可以端着西班牙特有的果酒和啤酒，一边游行，一边畅饮，那场面特别热闹。很多人借着酒劲，跳起优美的舞蹈，整个游行队伍都沉浸在节日的欢乐气氛中。

　　孩子们觉得圣伊西德罗真的是太神奇了，他的那么多神奇的事情都是在帮助人们，怪不得一千年来人们一直纪念他。现在演变成节日，成为人们狂欢的日子，这是人们表达对于马德里守护神的尊敬和爱戴，也是人们表达自己对于美好生活的期盼和向往，这个节日真的是很有意义啊！

## 第8章 　走进"金色都市"

"今天，我带你们去一个著名的历史名城，那就是萨拉曼加。"大胡子叔叔刚说完这句话，吉米、映真和花花就开始问各种关于萨拉曼加的问题了，大胡子叔叔只好在去的路

上向他们介绍一些萨拉曼加的情况。

大胡子叔叔告诉孩子们，萨拉曼加在托尔梅斯河北岸，是西班牙著名的历史名城也是一个艺术中心，有"智慧之城"的美誉，现在已经被列为世界文化遗产了。听到大胡子叔叔这么说，他们觉得这次来一定会很有收获的。

大胡子叔叔继续介绍，萨拉曼加也被称为"金色都市"。这是因为城市中的很多建筑都是用当地一种黄色的石头建成的，这些石头非常特别，刚开采出来的时候非常柔软，雕刻师就在上面雕刻上各种漂亮的图案，时间长了，经过风吹日晒这些石头会变得特别坚硬，这一点很有意思。

马上就到萨拉曼加了，孩子们远远望去，在阳光的照射下，整个城市看起来还真是一种柔和的黄色，让人感觉到一种沧桑和历史感。大胡子叔叔告诉他们说："这里最美的时候是傍晚。太阳落山的时候，整个城市被照耀得火红，各种教堂、宫殿和其他的建筑都是红色的，特别漂亮。"

　　大胡子叔叔带着三个孩子首先来到了马约尔广场。这里复制了马德里的马约尔广场，"马约尔"在西班牙语里的意思是"最大的"。这座广场确实非常宽阔，四周都是四层楼高的建筑，广场周围是铁栅栏，各种巴洛克风格的装饰非常漂亮，广场上坐着很多喝咖啡聊天的当地人。大胡子叔叔说这座广场是菲

利普五世为了感谢萨拉曼加王室对支持他登上王位而建的。

走出广场，沿着马约尔街走了几百米，就来到了当地有名的贝壳之家，这是一座典型的哥特式建筑。大胡子叔叔告诉孩子们，这座建筑已经有500多年的历史了，最有名的就是贝壳墙，墙壁上镶嵌着400多枚扇贝贝壳，加上许多伊莎贝尔式的窗户，看起来别有一番风味。

对于在墙上使用贝壳这件事情，吉米、映真和花花都很不理解。大胡子叔叔告诉他们："以前的很多朝圣者都很穷，没有饭吃，没有水喝，在朝圣的路上，他们就打开扇贝吃肉，

用扇贝贝壳取水喝，久而久之扇贝贝壳就成为了一种精神的象征，也正是因为这样，建造贝壳之家的建筑师才使用了扇贝贝壳。"

听完大胡子叔叔的话，三个人都觉得贝壳之家确实是很有趣，虽然不起眼，却很有寓意。

接着，大胡子叔叔他们参观了贝壳之家对面的牧师会，感受了一下巴洛克风格的魅力，这座建筑前后花了100多年才修建完工。

他们又来到了萨拉曼加大学。感受了一下这座有着700多年历史的古老大学，这里最独特的是学校的大门。这是一个雕刻精美的石雕门，上面最著名的图案是一个死者的脑袋，传说能在大门上找到脑袋的人考试就可以取得好成绩。大胡子叔叔刚说完这句话，三个人就都开始认真找那个脑袋了，不一会儿，三个人就都找到了那个脑袋，但是看起来面目狰狞，把花花都吓坏了，大胡子叔叔看到这个情况，哈哈大笑了起来。

他们又去参观了新大教堂和旧大教堂。这两座教堂都有八九百年的历史了，不但建筑精美，而且里面有许多精美的祭坛画和湿

壁画。孩子们对这两座教堂都赞不绝口。

　　一口气走了这么多地方，几个人都累了，大胡子叔叔就带着几个人来到了附近一个咖啡厅里。走进咖啡厅，许多人正在喝着咖啡聊着天呢。吉米突然发现咖啡厅里有塞万提斯的画像和堂·吉诃德及仆人桑丘的插图，这让他觉得特别奇怪。

　　不光是他，映真和花花也很不理解，就连大胡子叔叔也不明白这是为什么。大胡子叔叔向老板打听了一下才知道，原来塞万提斯曾经在萨拉曼加大学学习，后来他的小说中也多次提到萨拉曼加，这里的很多人都很喜欢他，老板就是其

中之一。

　　大胡子叔叔告诉了孩子们这个原因，他们这才明白这里出现塞万提斯的缘故。喝完咖啡，休息好了，孩子们跟着大胡子叔叔依依不舍地离开了萨拉曼加。虽然没有完全逛完这座古老城市的每一个地方，但是他们去过的这些地方都让他们收获很多，在未来的很长时间内他们都会记得"智慧之城"带给他们的惊喜和欢乐。

## 第9章　托莱多的古城风貌

"孩子们，萨拉曼加的古城你们觉得如何呀？"大胡子叔叔问道。吉米、映真和花花都表示萨拉曼加特别漂亮，不但有古老的风情，而且很有文化底蕴，萨拉曼加之行收获很大。听到三个人的回答，大胡子叔叔很高兴，决定带他们去西班牙另

一个著名的古城——托莱多。

刚刚从萨拉曼加回来，接着又可以到另外一个古城去，再没有比这让吉米、映真和花花高兴的事情了。

在去托莱多的路上，大胡子叔叔告诉孩子们托莱多是一个建在山丘上的古城，三面都被塔霍河包围着，只有北面不是水。城北建有两道城墙，地理位置很好，能攻能守，是古代兵家必争之地。古城有两千多年的历史，有很多保存完好的城墙、王宫、教堂、博物馆等。在这里，哥特式、摩尔式、巴洛克式等各种风格的建筑都能看到，历史文化价值非常高。

大胡子叔叔还说这里曾经被罗马人、西哥特人和阿拉伯人侵占，因此各种文化交融。中世纪的时候，这里还是一座20万人口的城市，是欧洲的中心城市。直到后来西班牙迁都马德里，这里才开始衰落。

　　远远望去，能看到古城了。整个古城坐落在山冈上，看起来非常漂亮。很快，他们就到了比萨戈拉门，这里是唯一能够进入古城的地方。这座城门非常壮观，大胡子叔叔说门上刻着的就是西班牙国王卡洛斯一世的帝徽——帝国黄鹰，孩子们抬

头望去，一只巨大的黄鹰展翅欲飞。

突然，吉米发现了城墙上刻着一些字，但是他不明白那是什么意思。大胡子叔叔告诉他们那是塞万提斯的题词，意思是"西班牙之荣，西班牙城市之光"，这是对托莱多的赞扬。

穿过比萨戈拉门进入了古城，大胡子叔叔就带着孩子们去了大教堂，西班牙首席红衣大主教就在这里。这座大教堂主堂由88根大石柱子支撑，周围有22个祠堂。大教堂里有两排座椅，都是木雕的，非常精美，是西班牙木雕艺术的杰作。孩子们看了以后都被这些精美的木雕震撼，赞叹不已。教堂里还有一座特别巨大的钟，重量达到了17.5吨。看到这个庞然大物的

时候，吉米、映真和花花简

直不敢相信自己的眼睛，这真的是14世

纪建造的吗？他们被古人的技艺震惊了。教堂左侧

的钟楼高度达到了90米，非常壮观，在附近任何一个地方取景

拍照，都是非常合适的角度。这里到处都是美景，让人觉得不

可思议。

接着，大胡子叔叔带着他们来到了圣多美教堂，这里有

一幅世界名画，那就是《奥尔加斯伯爵的葬礼》。大胡子叔叔

说这幅画是教堂神父委托格雷戈画的，目的是纪念为教堂捐

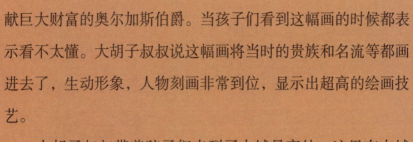

献巨大财富的奥尔加斯伯爵。当孩子们看到这幅画的时候都表示看不太懂。大胡子叔叔说这幅画将当时的贵族和名流等都画进去了，生动形象，人物刻画非常到位，显示出超高的绘画技艺。

　　大胡子叔叔带着孩子们来到了古城最高处，这里有古城堡。这个古城堡气势宏伟，是卡洛斯五世国王的王宫。整个城堡是正方形的，四个角上都有一个塔楼，塔楼是方形尖顶的，站在塔楼上向远处望去，整个托莱多尽收眼底，山水美景非常漂亮，怪不得卡洛斯五世将这里作为王宫呢！

　　突然，花花发现古城堡的墙上有很多小坑，就问大胡子叔叔为什么会这样。大胡子叔叔告诉他们，1936年西班牙内战的时候，这里是重要的战场，那些凹凸不平的小坑都是弹痕。听到大胡子叔叔这么说，孩子们能够想象到当时的战争是多么激烈。

　　走下古城堡，往回走的路上，花花突然对一个卖小饰品的小摊产生了兴趣，那里有许多漂亮的小饰品，对于她这样爱美的女孩子有着巨大的吸引力。趁着花花观看的时候，大胡子叔叔告诉他们，这种金银箔丝镶嵌的饰品叫"达马斯奇纳多"，就是把金银丝镶嵌在一些首饰上。以前是西班牙贵族非常喜欢的饰品，很多博物馆中都有，现在也是来旅游的游客非常喜欢的纪念品。

　　大胡子叔叔介绍完这些，每个人都挑选了自己喜欢的饰品，尤其是花花，挑选了好几件，可高兴了。没想到来到这里不但看到了古城的风貌，还能够得到这么漂亮、这么有纪念意义的饰品，这让她非常高兴。拿着饰品，他们高兴地跟着大胡子叔叔离开了。

## 第10章　塞戈维亚的另类美感

　　大胡子叔叔已经带着吉米、映真和花花看了两座古城——萨拉曼加和托莱多，他决定带着他们再去看看另外的非常值得一看的古城，那就是塞戈维亚。这里最有名的就是古罗马高架引水桥，这里还有特别多的美食，他想孩子们肯定会非常喜

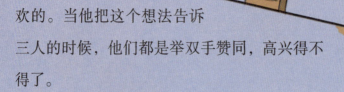

欢的。当他把这个想法告诉
三人的时候，他们都是举双手赞同，高兴得不
得了。

　　一来到塞戈维亚，远远地就能看到横穿整个城
市的引水桥，非常壮观。大胡子叔叔带着他们走到
近处，仔细看一下这座引水桥。大胡子叔叔说这座
引水桥是塞戈维亚的标志，是在公元50年前后建造
的，已经有接近两千年的历史了。这座桥全长813
米，有128个双拱洞，最奇特的是这座桥都是用巨
大的石头建成的，而拱柱之间竟然没有使用任何
的粘合剂，就是直接把石头放上去建成的。这有

点不可思议，真不能想象两千年前的古代人是如何做到这一点的。

突然，吉米发现一个拱柱中间有一个雕塑，是个抱着孩子的女人。这突然使大胡子叔叔想起了一个有意思的传说。一听到大胡子叔叔要讲故事，孩子们顿时来了精神，围在大胡子叔叔身边，仔细听着。

"两千年前，有一个女孩子老是从井里打水，这让她非常厌倦。于是她找到了魔鬼，表

示只要魔鬼想出更容易的取水办
法，她就将自己的灵魂交给魔鬼。于是，魔鬼就开
始修建这座引水桥，快要完工的时候，女孩子后悔了，
于是向上帝寻求帮助，上帝就在魔鬼快完工的时候战胜了
魔鬼，拯救了女孩子，并且把最后一块石头放到了引水桥上，
完成了这个工程。这样一来，女孩子不但灵魂得到了救赎，而
且她换种方式取水的愿望也实现了。"讲完这个故事，大胡子
叔叔告诉三个人也许那个抱孩子的女人就是那个两千年前的小
女孩吧。吉米、映真和花花也知道大胡子叔叔是在开玩笑呢，

只是为了给他们讲一个好玩的故事罢了。

　　大胡子叔叔说别看这个引水桥这么古老，其实现在还在使用呢。它内部安装了水管，是城市中非常重要的输水渠道呢！原来以为这座引水桥只是一处观光景点的孩子们，真的没想到现在它还能为城市发展贡献力量呢，真是太不可思议了。

　　很快就中午了，突然吉米对一个餐厅橱窗中的小猪产生了兴趣。经过了解，吉米才知道原来橱窗中有小猪的餐厅都是可以吃到烤乳猪的，塞戈维亚的烤乳猪非常有名。听到这里，吉

米的口水都快流出来了。看到吉米的样子，大胡子叔叔哈哈大笑起来，于是带着大家走进了餐厅，一人点了一份烤乳猪。

在等待的过程中，突然一股浓郁的香气飘来，孩子们都忍不住想知道这香气来自哪里，经过打听才知道，原来这是当地的一种传统蛋糕，很有特色。看到三个人的表情，大胡子叔叔就给他们每个人点了一份，三个人可高兴坏了。

店主人介绍说店里的烤乳猪是用石炉烘烤的，这样可以更好地保持原味，更美味可口，在塞戈维亚也就只有两家。说话的时候，烤乳猪上桌了，几个人立马就吃了起来。乳猪的香味弥漫在整个口腔，好久没吃到这么好吃的东西了！

　　饱餐一顿，休息过后，大胡子叔叔带着他们继续转悠。到了塞戈维亚城堡，远远望去，那就是一个童话城堡呀，这是孩子们最喜欢的了！大胡子叔叔告诉他们据说白雪公主的城堡也是仿照这里建造的呢。听到大胡子叔叔这么说，他们更要去看一下了。

　　孩子们在城堡玩够了，跟着大胡子叔叔走了出来。回头望去，整个城堡被阳光照耀着，给人一种金光闪闪的感觉，更有一点童话世界的意思了。

　　接下来，大胡子叔叔带着他们来到了塞戈维亚大教堂。那里有一件特别出名的雕塑，是一件祭坛雕塑，名字叫"慈

悲"，已经有400年的历史了，非常漂亮，雕刻得精致、美观，显示出了雕刻师胡安·德·胡尼高超的技艺。

看完"慈悲"雕塑，大胡子叔叔又带着孩子们到了城北，那里有一座城堡，里面有一座兵器博物馆，展出的都是这里以前曾经使用过的一些兵器以及各种军事装备，通过这些，可以很好地了解这里的军事发展历史。

观看了精美的城堡，吃到了美味可口的食物，也了解了古城的历史，孩子们在大胡子叔叔的带领下离开了塞戈维亚，这次旅行收获很大，他们都非常高兴。

## 第11章 "石头城"的古城墙

　　"西班牙最著名的古城有四个，我们已经看过其中的三个了，还剩下一个，那就是阿维拉，想不想去看看呢？"大胡子叔叔对孩子们说。

　　几个人异口同声地回答非常想去，这让大胡子叔叔很高兴。大胡子叔叔一行人出发去了阿维拉。

　　大胡子叔叔说阿维拉是一座古老的城市，最有名的是由城门和塔楼组成的古城墙，这是欧洲保存最完整的中世纪的古城墙。阿维拉另一个有名的景点就是复兴天主教加尔默罗会的圣人圣·特蕾莎故居，这里是她的出生地。在这里，沿着城墙和圣·特蕾莎的足迹，可以很好地感受这座古城的独特魅力。

　　很快就到了古城附近，刚好走到阿维拉去萨拉曼加的公路附近。这里是高地，可以将整个古城风貌尽收眼底。刚好公路旁边坐着一个写生的老人。远处是古城，近处是老人画板上一模一样的缩小版的古城，这个画面很唯美，非常梦幻。看到老

人非常投入地作画，大胡子叔叔也不忍心打扰他，就带着孩子们静静地朝古城走去。

　　大胡子叔叔告诉孩子们，整个古城城墙是四方形的，将古城整个包围起来，现在保存完整，共有88座塔楼和9座城门，整个城墙长度达到了2460米，宽度达到了3米，城墙高12米，每隔25米有一座塔楼。

　　很快就到了王宫门，这里是古城最大的城门，一般来古城的人都是从这里进入的。城门左右有两个塔楼，看起来特别雄伟。突然，吉米发现了巨大的王宫门旁边有一个白色的雕像，

　　大胡子叔叔说那就是汉白玉圣·特蕾莎雕像。三个孩子走过去一看，觉得雕刻得非常精美。

　　大胡子叔叔给他们讲了一下关于特蕾莎的事情："特蕾莎1515年出生在阿维拉，十几岁就当了修女，47岁创立赤足加尔默罗会。赤足穿草鞋是传统，为的是磨练意志。她进行了很多改革，获得了成功，这使她赢得了赞誉，在宗教史上也有了自己的地位。但是，1582年，她在从塞戈维亚回阿维拉的途中，被反对改革的人打死了。"

孩子们听到这里，觉得特蕾莎的命运很悲惨。大胡子叔叔说阿维拉的教堂、广场、商店及餐厅都有叫特蕾莎的画像，可见她在当地人心目中的崇高地位。为了更好地了解特蕾莎，大胡子叔叔带着吉米、映真和花花来到了圣·特蕾莎修道院，这里是为了纪念特蕾莎，而于1636年在特蕾莎故居上修建的。

刚走到修道院门前，孩子们就看见了在门楣上的圣·特蕾莎雕像，非常醒目。走进修道院内，一座巨大的圣·特蕾莎修女雕像吸引了他们的注意力，看起来富丽堂皇，和她的地位非常吻合。大胡子叔叔又带着他们去看了一下圣·特蕾莎出生的房间，从这个房间还可以看到特蕾莎修女故居的果园，非常幽静。

大胡子叔叔告诉孩子们，阿维拉地方很小，但是却有20座教堂，简直不可思议。他带着三个人去阿维拉大教堂，这是阿维拉最有名的教堂。教堂看起来很古朴，几乎是和城墙连在一起的。在这座教堂里，中央的祭坛屏风非常有名，是贝鲁格特的作品，描绘了基督的一生。此外，教堂还有很多红斑的石雕，非常精致，让孩子们赞叹不已。

来到了阿维拉，品尝当地特色美食是肯定的。大胡子叔叔带着三个孩子来到了当地的特色餐厅，每人要了一份特色的丁骨牛排，几个小家伙吃得津津有味，他们都觉得这个牛排好吃

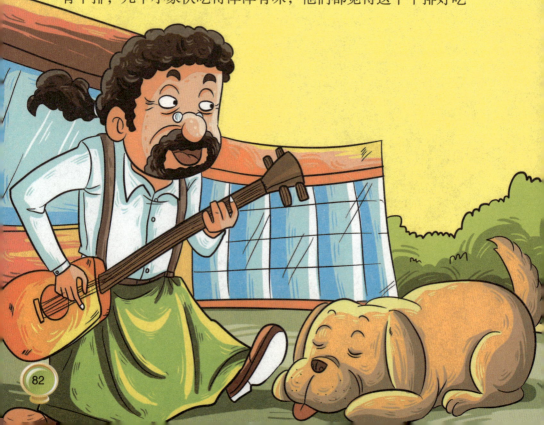

极了。

　　吃完美食，走出餐厅，他们在餐厅门口看到了一个表演的流浪艺人，旁边安静地趴着一条狗。老艺人投入地表演着，完全沉浸在音乐中，让人特别感动。正当大家安静地听老艺人表演的时候，花花突然发现了一个和她差不多大的中国女孩子，这让她觉得十分亲切。花花跑过去和那个小女孩聊了起来，大胡子叔叔也带着吉米和映真走了过去。

　　通过聊天才知道，小女孩是一对西班牙夫妇几年前从中国收养的。虽然刚见面，但是花花和小

女孩聊得很开心，好像是老朋友似的。过了好一会儿，花花才依依不舍地告别了小女孩，目送小女孩跟着父母离开，而那个小女孩也忍不住回头看，花花眼泪都快出来了，看出来是真伤心了，大胡子叔叔上前安慰她。

　　整个阿维拉给三个孩子印象最深的就是"石头城"和修女。虽然没有逛完古城的每一个角落，但是他们能够感受到古城古老的文化，更能够感受到现代人对古城的热爱。

## 第12章　疯狂的奔牛节

"你们对西班牙印象最深的是什么？"大胡子叔叔把三个孩子招呼到自己身旁，问起了这个问题。三个人你一言我一语说了好多，但是有一个共同的

印象，那就是斗牛，西班牙斗牛是非常出名的。

大胡子叔叔觉得老是带着他们出去也挺累的，趁着休息，准备给他们讲一下西班牙的斗牛文化和疯狂的奔牛节。一听到大胡子叔叔要讲这个，三个人都很高兴。

大胡子叔叔说："奔牛节是西班牙的一个传统节日，1591年在潘普洛纳开始的，已经有400多年的历史了，世界知名度很高，每年都有数万人参加，不但有当地人，也有很多外地和外国的游客参与其中，一起感受奔牛节的热烈氛围。"

"那奔牛节的起源是什么呢？"平时善于思考的映真很想了解这个问题。他提出这个问题以后，吉米和花花也看着大胡子叔叔，期望得到满意的回答。

大胡子叔叔接着说："西班牙人从古代开始就非常喜欢斗牛，他们觉得斗牛能展示人类的力量和智慧。但是，在几百年前，将高大的公牛从乡村赶到城市中心的斗牛场是一件非常麻烦的事情。后来，有一个聪明的年轻人想到了一个好办法，他非常大胆，站在公牛面前将公牛激怒，这时候公牛就开始追他，他就拼命跑，将公牛引到了斗牛场。大家看到这个办法很有效果，以后就都采用了，慢慢地就形成了奔牛节的传统，并且延续了下来。"

"哦，原来是这样的呀！那个年轻人真是勇敢，而且非常有智慧，值得称赞。"孩子们没想到关于奔牛节还有这么有

意思的故事呢。

"那节日里都有哪些具体的活动呢？"吉米和花花对节日里的具体活动非常感兴趣。

大胡子叔叔说："奔牛节从7月6日开始，7月14日结束。在潘普洛纳，这8天时间里，不管是当地人还是外国游客，只要想参加都可以，穿上白衣裤，缠上红腰带，这就是表示自己是愿意参加的。每天都会放出6头公牛，就像刚才我说的那样，一大群年轻的小伙子就疯狂地在前面跑，引着公牛往斗牛场去，场面非常刺激，但是也非常危险，这是勇敢者的游戏。"

　　"啊，这多危险呀！公牛都那么强壮，公牛角又那么锋利，要是被牛角顶到不是很惨吗？"花花听完大胡子叔叔的话，忍不住关心起了安全问题。

　　大胡子叔叔呵呵一笑，告诉他们虽然有危险，但是不用太担心。因为这些公牛不是一般的公牛，而是都经过两年专门驯养的。它们的牛角已经被磨过，不是很尖锐，一些特别强悍的公牛牛角都被磨得很厉害，甚至露出神经，一碰到人就疼，这样就安全很多。毕竟这是一个节日活动，安全是非常重要的。

　　花花满意地点了点头。大胡子叔叔继续说道："其实每年

都会有人受伤，甚至会有惨剧发生。但是这项传统活动还是非常受欢迎。"

"这个节日是西班牙的传统节日，那它是怎么成为世界知名节日的呢？"吉米对这个问题很感兴趣。

大胡子叔叔说这个问题也正是他想要对他们讲的："原先的奔牛节在西班牙很有名，但是在国外知名度不是很高。1923年，著名作家海明威来到潘普洛纳观看了奔牛节，他特别喜欢，还专门写了一本小说，将奔牛节详细描述了一下，写得刺激、传神，这使得奔牛节被世界各地人们所了解，知名度大增。后来，海明威获得诺贝尔文学奖，奔牛节就更加有名了。为了感谢海明威对奔牛节的贡献，当地人在斗牛场的大门口竖起了他的雕像。"

"哦，原来奔牛节的出名还和海明威有这么紧密的关系呢，真是意想不到呀！"孩子们觉得奔牛节真是很有意思。

听大胡子叔叔说得这么精彩，三个人都觉得没有亲身参与

一下，真是有点遗憾。但是一想到那么危险，屁股后面有公牛追着，又觉得挺可怕的。三个人突然觉得即使让他们去，他们也不一定敢尝试。

大胡子叔叔告诉孩子们，其实奔牛节的正式名称叫"圣费尔明节"，是为了纪念潘普洛纳的保护神圣费尔明。其实，节日里不但有奔牛活动，还有斗牛，斗牛用的牛就是前面奔牛节的这些牛。此外，还有很多各种形式的游行，都是一些当地传统文化的展现。还会有各种具有当地特色的音乐和烟火表演，每天都会持续到凌晨，真的是一场狂欢盛宴。

7月14日晚上12点，参加节日活动的人们聚集在城市大厅前的大广场上，用漂亮的烟火表演和当地特色的歌曲结束节日

活动。

听到大胡子叔叔讲了这么多关于奔牛节的知识，孩子们都觉得收获很多，虽然没亲身感受奔牛节的热烈气氛，但是光听听就已经很知足了。

## 第13章　西红柿大战

　　"你们几个都过来，问你们一个问题，你们喜欢吃西红柿吗？"看到三个孩子又在打打闹闹的，大胡子叔叔头疼极了，真是被这三个孩子给折腾坏了。原本想好好休息一下的心情没有了，大胡子叔叔想到了一个让这三个人安静下来的好办法，那就是给他们讲一些有意思的事情。

听到大胡子叔叔的问话，三个孩子立刻跑到了大胡子叔叔身边，争着抢着发表自己的观点。吉米说他特别喜欢生吃西红柿，映真则说喜欢加点糖凉拌着吃，花花则表示自己最喜欢吃西红柿炒鸡蛋。

看到三个人这么积极，大胡子叔叔问他们有没有听说过扔西红柿玩。大胡子叔叔这下可把三个人给问住了，他们只是听说过西红柿的各种吃法，还真没听说过谁扔西红柿玩呢。

毕竟那都是买来的，扔了多

浪费呀！

　　大胡子叔叔听完，呵呵笑了起来。他告诉孩子们在西班牙就有一个很有名的西红柿节。在节日那一天，大家都拿着西红柿"打架"，可好玩了。

　　一听到大胡子叔叔这么说，孩子们就迫不及待想了解一下这个好玩的节日了，他们真的想不到还有这么好玩的节日呢！

　　大胡子叔叔告诉孩子们："西红柿节在布尼奥尔镇上，1945年就开始了，每年一次，和奔牛节一样，都是西班牙很有名的节日。"

　　　"这个节日是怎么来的呢？"吉米对节日的来历很感兴趣。大胡子叔叔告诉他们：
　　　　"很早的时候，有一个乐队吹着大

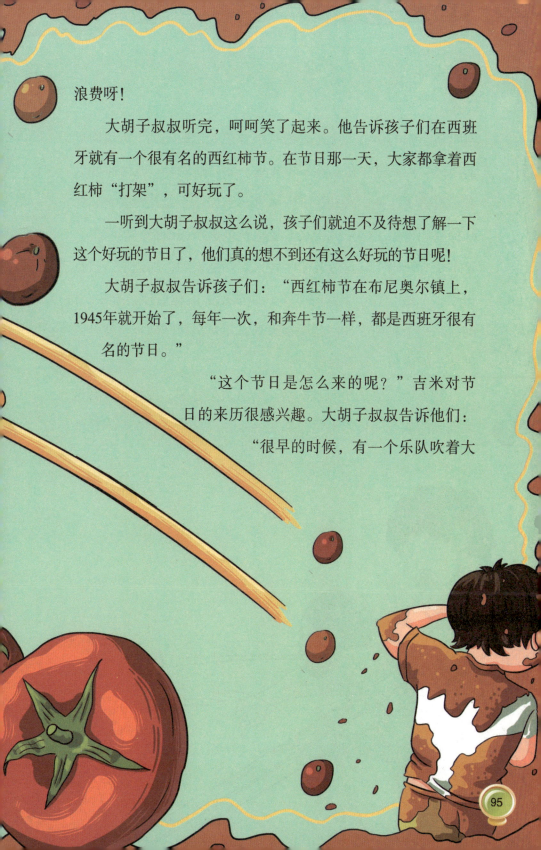

95

喇叭从小镇的街道上穿过，喇叭声音很大，影响到了街道附近的居民，但是这个乐队根本不管这一套。这时候，几个年轻人看不过去了，他们刚好买了一大堆西红柿，于是几个人拿起西红柿就朝街道上的乐队扔去，还比赛谁能准确地扔到喇叭里。这下子可热闹了，这边几个年轻人越扔越来劲，那边乐队被打得七零八落，顾不上吹喇叭了，四散跑了。就这样，每年8月的最后一个星期三人们就聚集起来，相互扔西红柿，这就是西红柿节的由来。挺有意思的吧？

吉米听完大胡子叔叔的话，哈哈大笑起来，没想到还有这么搞笑的故事呢！吉米觉得那几个年轻人真是好玩，要不是他

们灵机一动，就没有这个好玩的节日了呢。映真和花花听完这个小故事后也觉得很有意思。

大胡子叔叔说："节日的这一天，加上世界各国的游客，几万人一起来到镇中心广场上。那里早就准备好了好几卡车的西红柿，这些都是又大又红的熟透了的西红柿。随着一声令下，大家都冲到卡车旁边，抓起西红柿就朝身边的人扔去，头上、身上一会儿就扔满了，街道上也都是西红柿汁，每个人都好像是刚从西红柿堆里爬出来似的，特别搞笑。"

听大胡子叔叔说到这里，吉米、映真和花花就在脑子里想象西红柿大战的场景，漫天飞舞的都是西红柿，简直就是一个西红柿的海洋呀！

大胡子叔叔接着说："西红柿快扔完的时候，会有人发出停止的号令，这个时候大家都会停下来。此时的街道已经是一条'西红柿河'了。这个时候，当地的居民和志愿者就开始另一场'战争'了，那就是打扫街道。大约一个小时的时间，街道就被打扫得干干净净的，像往常一样，好像刚才的'西红柿大战'没有发生过一样。"

"这么多西红柿，难道不花钱吗？"一向稳重的映真关心的是谁来提供西红柿的问题。这个问题也是吉米和花花很想了解的。

大胡子叔叔告诉他们："最开始的时候西红柿都是小镇居民自己准备的。当时的政府也曾经禁止人们举行这个活动，但是当地居民通过大规模的游行争得了权利，政府最后同意在每

年8月最后一个星期三在镇中心广场举行西红柿节，并且由政府提供西红柿。这个节日就这样延续下来，越来越有名，世界各地的游客每年都来体验好玩的'西红柿大战'"。

孩子们觉得这么多人一起参加，肯定需要很多西红柿吧。大胡子叔叔肯定了他们的看法："随着西红柿节名气越来越大，每年来参加西红柿节的外国游客越来越多，甚至需要准备上百吨西红柿，但是当地政府却很高兴，因为来旅游的人越多，小镇的旅游收入就越高。和这些西红柿比起来，收入远比支出多得多，这正是他们希望看到的。

孩子们听大胡子叔叔说了这么多西红柿节的事情，真的特别想亲身参与一下。但是没有赶上节日时间，确实有那么一点点的遗憾。但是了解到了这个有意思的传统节日，他们还是很高兴的。

## 西红柿节

在西班牙小镇布尼奥尔举行的西红柿节非常有名，在每年8月最后一个星期三举行。人们拿起事先准备好的西红柿向别人扔去，以此作为节日庆祝活动。现在，西班牙西红柿节已经被西班牙政府列入具有国际旅游价值的节日。每年越来越多的世界各地的游人来到这里，感受节日的氛围。

其实，在哥伦比亚也有西红柿节，只是规模比较小一些。

不管怎么样，通过这个节日，人们表达的是喜悦，也是对于美好生活的期盼。从这一点上来说，西红柿节上的人都希望自己生活像那些红红的西红柿一样红火。

## 第14章　华美的弗拉门戈舞蹈

"你们都过来，今天我给你们讲一下西班牙独特的一种表演形式，那就是弗拉门戈。"一听到大胡子叔叔又要给他们讲关于西班牙的有趣的事情，三个孩子立刻跑到了大胡子叔叔身

边，安静听着。

"弗拉门戈是什么呀，是舞蹈吗？"花花首先提出了自己的疑问。

大胡子叔叔告诉他们，弗拉门戈中有舞蹈，但是也有唱歌，还有器乐表演，是一种综合艺术形式。刚开始的时候，弗拉门戈只是在西班牙的南部地区流行，后来逐渐流行到整个西班牙地区。弗拉门戈受到人们的欢迎，也成为西班牙的代表性艺术，具有世界影响力。

哦，原来是这样呀，花花听完大胡子叔叔的话满意地点了点头，吉米和映真在旁边认真听着，时不时在思考着什么东西。

"弗拉门戈这个名字很有意思，这个名字是怎么来的呀？"吉米突然对这个名字产生了浓厚的兴趣，于是就向大胡子叔叔求教。

大胡子叔叔告诉他，西班牙人都是能歌善舞的。最早的时候，西班牙地区的吉普赛人喜欢跳一些传统的当地舞蹈，有时候是又跳又唱，以此来表达他们的心情。五六百年前，一些流浪的吉普赛人融合了印度舞蹈和阿拉伯舞蹈的一些风格，让西班牙的舞蹈有了新的内容。二三百年前，吉普赛人就开始在酒馆里跳这种舞蹈，很受欢迎，他们也开始以这个为职业。弗拉门戈就是对他们这种又唱又跳的表演形式的称呼。

听完大胡子叔叔的话，孩子们对弗拉门戈的来历有了一定程度的了解。但是弗拉门戈的内容更让他们感兴趣，他们急于知道弗拉门戈都有哪些表现形式。

于是，大胡子叔叔告诉他们："弗拉门戈的歌曲和舞蹈有60多种，有单人表演的，也有集体表演的，有的是有伴奏的，有的是没有伴奏的。其中，最难唱的就是深沉的歌，表达的是深沉的情绪，而最简单的就是轻快的歌，表达的是愉快的情绪，节奏轻快，很有美感。"

了解完了弗拉门戈的表现形式，孩子们也很想了解一下

这个好难学。

弗拉门戈的独特性。于是，大胡子叔叔告诉他们，弗拉门戈热情、奔放，很适合西班牙人民的独特民族气质。弗拉门戈主要包括伴奏、伴唱和舞蹈，讲究协调，呼吸要顺畅，伴奏讲究投入，伴唱要注意节奏，舞蹈则要身体各部位协调配合，只有各个部分做到最好，才能够展现出弗拉门戈的独特魅力。

　　"一般表演弗拉门戈的演员都是多大年龄的呀？"映真对演员的年龄产生了兴趣，他想知道多大年龄的演员最适合表演弗拉门戈。大胡子叔叔说，演员大多数在25岁左右，这是弗拉门戈演员的黄金年龄，毕竟弗拉门戈不仅仅要求熟练的舞蹈

快乐读
简单

技巧，更要求演员对于舞蹈的独特理解，通过表演将自己对弗拉门戈的理解传达给观众，这个需要丰富的舞台经验和人生历练，太年轻的演员缺乏人生感悟，年龄太大的演员可能体力会不足。

大胡子叔叔告诉孩子们，弗拉门戈是非常好看的。表演开始的时候，歌手、舞蹈家和吉他手都坐在舞台中间，围成一个半圆形，就开始表演了。

首先，歌手要先喊叫一下，激发观众的热情。吉他手弹奏一些优美的前奏，让观众进入状态，营造出表演氛围。舞蹈家的装束也很有特色。男舞蹈家一般是穿黑色裤子和长袖的衬

衫，有时候也会加一件漂亮的马甲；女舞蹈家则是把头发挽成发髻，穿艳丽的服装，最常见的是漂亮的有花边的裙子。

弗拉门戈的内容主要是关于爱情、死亡、上帝、女人等，很少涉及金钱，这可能和吉普赛人长期流浪，对金钱观念淡薄有很大关系吧。其实，不仅是外国游客很难听懂歌词，就连很多西班牙人也听不太懂。但是演员表演时候完全投入的神态很感染人，观众能够从表演中感受到他们想要表达的东西，因为音乐是没有国界的。

孩子们听到大胡子叔叔这么说，也觉得很有意思，听不懂歌词，却能让人看得全神贯注，确实是很玄妙，也许这正是弗

拉门戈的魅力所在吧。

　　了解完这些东西，大胡子叔叔决定带他们去观看一场弗拉门戈表演。听到这个好消息，三个人都非常高兴，跟着大胡子叔叔就出发了。

　　虽然表演时间不是太长，也听不懂歌词，但是那些歌手、舞蹈家和吉他手的表演让他们如痴如醉。亲身感受到了弗拉门戈的魅力，真的是太不可思议了！

## 第15章　全城狂欢的法雅节

　　"你们喜欢用纸制作的玩偶吗？"大胡子叔叔看到孩子们正在摆弄自己手工制作的一些小玩偶，就问了起来。听到大胡子叔叔这么问，三个人几乎是同时给出了答案，他们都很喜欢玩偶，尤其是自己亲自动手制作的玩偶。制作过程也

特别有意思。

　　大胡子叔叔告诉他们，西班牙有一个以玩偶为主题的节日，那就是法雅节。听到大胡子叔叔的话，吉米、映真和花花非要大胡子叔叔讲一下法雅节，他们都很感兴趣。

　　大胡子叔叔告诉他们，"法雅"在西班牙语里是火焰的意思。法雅节的很多活动都和火有关，特别是燃烧人偶的环节。因此，"法雅"也被用来指代那些在节日中被燃烧的人偶。法雅节一般在每年的3月15日—3月19日举行。在这段时间中，有很多有意思的活动，除燃烧人偶外，还有法雅公主选举、燃放烟火爆竹等，还有很多游行，场面非常热闹。

"那法雅节到底是从什么时候开始的呢？"吉米对法雅节的来历很感兴趣。

大胡子叔叔告诉他们："地中海附近的居民都相信精灵存在。他们为了驱赶屋子里的精灵，就将旧家具和其他旧物品焚烧掉。后来，慢慢就形成了法雅节。现在法雅节很有名，很多世界各地的游客都慕名而来，亲身来感受法雅节的热闹。"

"人们为什么这么喜欢法雅节呢？它有什么独特的地方吗？"听完大胡子叔叔讲完法雅节的来历，映真又对法雅节的魅力产生了兴趣。

大胡子叔叔告诉他们："法雅节不是宗教节日，更像是一个大聚会，这一点非常有意思。而这些玩偶很多都具有讽刺意味，人们可以通过玩偶表达自己对于一些事件的看法，可能正是因为这一点，它得到了人们的普遍欢迎吧。"

　　"原来是这样呀，原来他们制作玩偶是为了批评和讽刺，真是很有意思的事情，怪不得大家都喜欢参与呢！"映真说道。

　　"那这些玩偶都是自己制作的，还是专门有人制作呢？"花花对玩偶的制作很感兴趣。

大胡子叔叔说，法雅不是个人制作的，而是由专门的艺术家去制作。这些艺术家都很有想象力和创造力，只有这样才能制作出受大家欢迎的法雅。这些制作法雅的艺术家是从小就开始在专业的学校里学习，专门学习怎样创造更好的法雅。并且，他们制作的法雅是要得到政府部门认可的，这一点很重要，这使得这些法雅不仅仅是简单的工艺品，而是艺术品了。

　　三个孩子觉得法雅节上定会有很多的法雅。大胡子叔叔肯定了他们的看法，告诉他们每次法雅节的法雅可能达到一千个呢。孩子们听到大胡子叔叔说这么多法雅，都觉得真有点不可

思议呀。

孩子们很想知道节日里最刺激的事情，于是大胡子叔叔就继续给他们讲。大胡子叔叔说法雅节最重要的事情就是烧玩偶了。每一座法雅都有许多玩偶，而每一个法雅旁边都会有一个小法雅。上千个法雅里，除了一个放到博物馆里以外，别的都要烧毁。

一般都是法雅节最后一天的晚上十点多开始烧法雅，先烧的是小法雅，然后烧大法雅，这是最热闹的。会有专门的人用爆竹点燃法雅底下的易燃品，不一会火苗就上来了。看着法雅

慢慢燃烧，火越烧越大，旁边的人们都热烈鼓掌，大家都在一种欢乐的气氛中。只是偶尔有几个小孩子看到漂亮的法雅被烧了，会伤心地哭起来，大人们看到这个场景则呵呵笑了起来。

三个人觉得法雅被烧也挺可惜的，但无数法雅一起燃烧的场景肯定特别壮观，火光映红了整个天空，也映红了人们的笑脸。在火光中，人们庆祝春天的到来，也希望自己的生活就像大火一样红红火火的，寄托了人们美好的愿望。

听完大胡子叔叔讲的法雅节的这些有意思的事情，孩子们都非常想去亲身体验一下。遗憾的是现在不是法雅节的日子，

但是他们已经能够从大胡子叔叔的话里感受到法雅节的魅力，以后有机会他们一定亲身感受一下。

　　看到孩子们的眼神，大胡子叔叔知道他们肯定是想亲身感受法雅节了，于是呵呵笑了起来，并且告诉他们以后有机会一定带他们去。三个人听到大胡子叔叔的话都很高兴，都开始在心里畅想法雅节的盛况了。

## 第16章　　美食印记

最近一段时间，大胡子叔叔带着吉米、映真和花花去了很多地方，参观了很多古迹和旅游景点，深刻感受到了西班牙各地的文化传统，同时也品尝了非常多的地方特色美食。在离开之前，大胡子叔叔把几个人喊到了自己身边，想听听他们对

于西班牙美食的看法，让他们说说最喜欢的西班牙美食，就算是离开之前的一次聊天。

　　"我对那个餐馆里的开胃小菜印象深刻，特别好吃，吃完开胃小菜，真的是让人胃口大开。西班牙人真是聪明，这样就可以让客人消费更多，他们也能赚更多的钱了。"映真首先说出了自己的美食感受。

　　"我对那个烤乳猪印象比较深，不用说吃，刚端上桌来，闻一下就香气四溢，吃起来更是回味无穷。真想再去吃一次烤乳猪，太好吃了！我觉得这个应该是我在西班牙吃到的最好吃的美食了。"映真刚说完，吉米就接过话，说出了自己对西班

牙美食的感受。

　　"我觉得那个西班牙鸡蛋饼很好吃，和中国的鸡蛋饼味道不同，但都是美味。吃的时候，加上洋葱丝和土豆丁，再搭配一些法国香菜，口感爽脆，很有层次感，我非常喜欢。"花花说出了自己喜欢的美食，而且还联想到了中国的鸡蛋饼，她得意地昂起头看着大家，期望得到大家的肯定。

　　大胡子叔叔听完三个人说完自己喜欢的美食，看到他们每个人都有自己喜欢的口味，而且说到美食的时候非常高兴，这也让大胡子叔叔心情好了起来。于是，大胡子叔叔也介绍了自己喜欢的美食。

大胡子叔叔说："我非常喜欢煎金枪鱼的口味，非常地道。金枪鱼用小火慢慢煎，等到熟了以后，淋上几滴橄榄油，再加上新鲜的罗勒酱，既保持了金枪鱼的鲜，也能够吃到橄榄油和罗勒酱的香，回味无穷。"

此外，大胡子叔叔对香烤青口贝也印象深刻，用银鱼、青口贝和番茄作为主料，加上糖、杏仁粉和面包一起烤，味道也非常好。还有那个墨西哥玉米饼，将新鲜的牛肉酱、墨西哥辣酱和芝士调和，口感热辣，吃过就不会忘记那种味道，再加上酥脆的墨西哥烤玉米片，简直就是味觉享受，这对于喜欢吃辣的大胡子叔叔来说是难得的美食呀。

听到大胡子叔叔一口气说了这么多，孩子们觉得大胡子叔叔真的是一个非常懂吃的人，他们也感觉大胡子叔叔说的这些美食都非常不错。

大胡子叔叔接着说："西班牙人的主食以米和面为主，其海鲜也非常有特色，海鲜饭世界闻名。同时，西班牙的生火腿有非常高的知名度，只有生吃才能体会到西班牙生火腿的独特美味。而且西班牙生火腿的出名和一部电影密切相关，电影名字叫《火腿!火腿!》，获得过国际大奖，这也让世界更好地了解了西班牙生火腿。"

听完大胡子叔叔的话，三个孩子没想到一部电影还能有这么大的影响力呢。来西班牙之前，他们对西班牙的印象只是斗牛，原本以为西班牙不会有什么让人惊奇的经历。但是到了现在，他们发现自己完全错了，西班牙的古迹和景点就不提了，那些独特的传统文化和节日，还有各种美食，都让他们觉得这次西班牙之行很有意义，给了他们很多惊喜。

大胡子叔叔告诉孩子们，他们的西班牙之行告一段落了，出来很长时间了，他们要回家了。听到大胡子叔叔这么说，孩子们还真是有点想家了。

三个人回到自己的房间，收拾好东西，就跟着大胡子叔叔到了机场。

飞机起飞了，看着飞机下面带给他们美好经历的西班牙，孩子们都在心里默默地说着"西班牙再见！我们会再回来的！"在飞机上，几个人慢慢进入了梦乡……